JN034759

時短料理研究家・ろこさんの
冷凍コンテナひとり鍋
時短料理研究家
ろこ

はじめに

寒い季節に食べたくなる鍋ですが、たくさんの野菜や肉などを土鍋で煮込んで、大勢で囲むイメージがあり、ひとり分を作るのは、手間を感じる人も多いのではないでしょうか。しかしコロナ禍を経て、ひとり鍋用の商品が増えるなど小鍋に注目が集まっています。

そこで冷凍コンテナ®の出番です。冷凍コンテナは、食材と調味料を詰めて冷凍しておけば、コンロに付きっきりで調理する必要もなく、電子レンジにかけるだけという手軽さ！　どんなに仕事で帰りが遅くなった日でも、家族で食事をとる時間が違う日でも、食べる直前にレンチンするだけで、熱々の鍋を堪能することができます。

今回は、定番の和の鍋料理から、洋風、アジア風など、ひとりでも食事が楽しみになるような60の鍋レシピを紹介します。だしの味わいと、「シメ」まで楽しんでほしいので、スープの量はたっぷり。缶詰や冷凍食品、鍋の素を使ったものもありますので、簡単に作りたい人にもぴったりです。

忙しくて毎日の料理に時間をかけていられない人や週末にまとめて作りたい人はもちろん、ランチを簡単に済ませたい人、子どもの夜食や遠方にいる家族のために作り置きをしたい人などにも重宝する「冷凍コンテナひとり鍋」。家族でそれぞれ好きな鍋を選んで食べられるのも魅力のひとつです。野菜がたっぷりで、体にも嬉しいレシピはダイエットにもおすすめです。この冬、「冷凍コンテナひとり鍋」で体も心も温かくなっていただけたら嬉しいです。

CONTENTS

CHAPTER 1 和の定番鍋

CHAPTER 2 アレンジ鍋

CHAPTER 3 洋風鍋

CONTENTS

CHAPTER 4 アジア・エスニック鍋

CHAPTER 5 ヘルシー鍋

CHAPTER 6 お手軽食材でパパッと鍋

CHAPTER

鍋の素で簡単鍋

この本のレシピについて

★この本の表記について、大さじ1は15ml 、小さじ1は5mlになります。

★電子レンジは600Wのものを使用しています。500Wの場合は1.2倍、700Wの場合は0.85倍の時間を目安に加熱してください。機種によっても異なるので、様子を見ながら加熱しましょう。

★野菜は、洗う、皮をむく、へたを取る、根本を切る、きのこ類の石づきを取るなどの下処理は原則として省略しています。g数は、皮や種を除いた重さです。

★牛乳は、レンジ加熱中に溢れないように乳脂肪分の少ない低脂肪牛乳を使用してください。

手軽にひとり分の鍋が楽しめる！

「冷凍コンテナひとり鍋」とは

切り方や
調味料の量を
守れば、
誰でも作れて
失敗知らず！

鍋は不要。
コンテナと
最低限の
調理器具が
あればOK！

調理は、
切って詰める
だけ！

冷凍コンテナの魅力

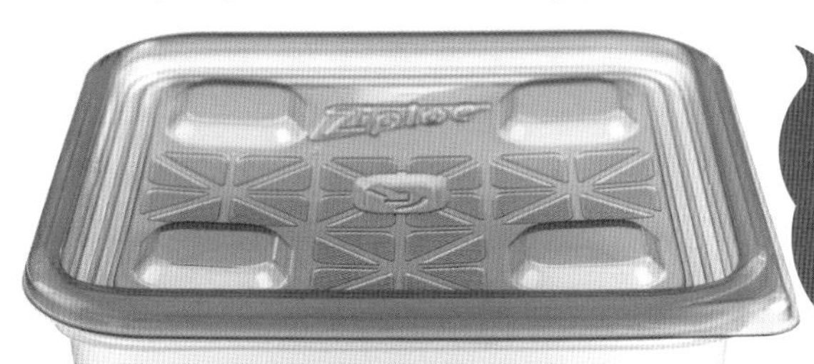

冷凍して
おけば、
食べる前に
レンチン
するだけ！

60種類の
鍋とシメを
楽しめる！

使うコンテナは正方形(700ml)タイプ

簡単&時短レシピが
盛りだくさん！

作り方の手順

1 調味料と切った材料を詰める

コンテナに調味料を入れてから、切った野菜、肉、魚などを加えるだけで準備OK。

2 ふたを閉めて冷凍する

食材を入れ終えたら、しっかりとふたをして、平らな状態で冷凍庫へ。

3 ふたを斜めにして電子レンジで加熱する

食べたいときに、冷凍しておいたコンテナのふたを斜めにしてレンチンするだけ。

4 できあがり!

時間通りに加熱したら、ミトンなどを使って取り出して、混ぜ合わせていただきます。

嬉しいことがいっぱい

ひとり鍋に冷凍コンテナが向く6つの理由

1 ひとり分の鍋を楽しめる

数種類の野菜や肉などを用意して煮て作る鍋は、数人で食べるのが一般的ですが、ひとり分なら用意する材料や調味料が少なくて済みます。また、コンテナならひとり鍋を手軽に作ることができます。

2 レンジでチンするだけ!

帰りが遅くなった日や子どもの夜食としてなど、食べる直前にレンチンするだけですぐに食べられるのが魅力。また、できたてをコンテナのまま食べられるので、洗い物が少ないのも嬉しいポイントです。

3 食材をまとめてカットして、準備できる

白菜やねぎなど、鍋に使う食材は、ひとりだと使いきれないことも……。しかし、事前に仕込む冷凍コンテナひとり鍋なら、同じ食材を使った数種類の鍋を週末などにまとめて準備することもできます。

あったか鍋を
コンテナで

4 野菜たっぷり&油少なめでヘルシー

本書で紹介する冷凍コンテナひとり鍋は、基本的に2～3種類の野菜やきのこが入っています。1食でしっかり野菜をとれるほか、レンジで加熱するため、味付け以外で油は使用しないので、ヘルシーです。

5 冷凍することで味がしみる

野菜や肉、魚などは冷凍することにより、繊維が壊れて調味料がしみやすくなります。その後、凍ったまま電子レンジで加熱することで、長時間煮込んだような味わいになります。

6 作り置きに便利!

2週間～1ヶ月ほど冷凍保存できるレシピばかりです。時間があるときやまとめ買いをした日などに、一気に作って冷凍しておけば、好きなときにレンチンするだけ。作り置きがあれば、何かと助かります。

「冷凍コンテナひとり鍋」

おいしく作るための 6step

step 1

分量と切り方はできるだけ正確に!

電子レンジ調理は火加減の調整ができないので、調味料や食材の量によって味わいや火の通り方が微妙に違ってきます。まずはレシピの分量通りに作ることを心がけ、慣れてきたら好みでアレンジしてください。

step 2

材料は平らになるように詰める

火の通りを均一にするために、切った食材がスープの中でできるだけ平らになるように、詰めましょう。こうすることで加熱ムラを減らせます。冷凍庫で保存するときも平らな場所に置きましょう。

step 3

レシピ名と加熱時間を貼る

誰が見ても一目でわかるように、レシピ名と加熱時間をメモしてコンテナに貼りましょう。紙製のものは冷凍時に文字が消えてしまうこともあるため、冷凍保存の際に文字が消えないものがベストです。加熱するときは、はがしてからにしてください。

誰でも簡単に
作れます

電子レンジで加熱するときは、ふたを斜めにする

加熱するときは、一度ふたを外して必ず斜めにのせてから加熱してください。ぴったりふたをしたまま加熱すると破裂する可能性があり、危険です。斜めにして蒸気の逃げ道を確保しましょう。

加熱後は、混ぜてなじませる

電子レンジで加熱したら、スープと具材をよく混ぜて、味をなじませてください。肉に赤みが残っているようでしたら、追加で30秒ずつ加熱して、しっかり火を通してください。

アクがあれば取る

豚肉や牛肉を具材に使う冷凍コンテナひとり鍋は、アクが出やすくなります。電子レンジで加熱後にアクが出ていたら、ていねいにアクをすくい取って食べてください。

だしの出たスープも味わいつくそう

シメの楽しみ方

冷凍ご飯を使って“雑炊”

❶ ラップに包んで冷凍しておいたご飯(150g)を、ラップのまま耐熱皿にのせて電子レンジ(600W)で3分加熱する。

❷ 加熱したご飯をざるに入れ、流水で洗って水けを切る。

❸ 具材を食べ終わったスープに、②のご飯を入れる。好みで小口切りにした細ねぎをちらす。

memo

卵を加えたいときは、ご飯の入ったコンテナに溶き卵を加え、レンジ(600W)で30秒ほど加熱し、好みの加減に火を通しましょう。

冷凍ご飯を使って“リゾット”

❶ ラップに包んで冷凍しておいたご飯(150g)を、ラップのまま耐熱皿にのせて電子レンジ(600W)で3分加熱する。

❷ 具材を食べ終わったスープに、①のご飯を入れる。ピザ用チーズ(大さじ2)を加える。

❸ 電子レンジ(600W)でチーズが溶けるまで2分ほど加熱する。

冷凍コンテナひとり鍋と一緒にご飯やパンを食べても！

シメにせずに、冷凍コンテナひとり鍋と、温かいご飯や好みのパンを一緒に食べてもOK！　その日の気分に合わせて、好みで組み合わせましょう。

冷凍うどんを使って"うどん"

❶ 冷凍うどん(1袋・180g)は、袋のまま耐熱皿にのせて電子レンジ(600W)で記載されている時間通りに加熱する。※電子レンジ加熱可能な冷凍うどんを使用してください。

❷ 具材を食べ終わったスープに、①のうどんを入れる。好みで斜め細切りした細ねぎをのせ、七味唐辛子をふる。

即席中華麺を使って"中華麺"

❶ 即席中華麺(1袋・約90g)をコンテナ(700ml)に入れ、袋に記載されている水の量を入れる。

❷ ふたをしないで、電子レンジ(600W)で袋に記載されている時間+2分加熱する。

❸ 具材を食べ終わったスープに、水けを切った②の中華麺を入れる。好みで白炒りごまをかける。

乾燥ペンネを使って"ペンネ"

❶ ペンネ(3分の早ゆでタイプ・30g)をコンテナ(700ml)に入れ、水200mlを入れる。

❷ ふたをしないで、電子レンジ(600W)で袋に記載されている時間+2分加熱する。

❸ 具材を食べ終わったスープに、水けを切った②のペンネを入れる。好みで粗びき黒こしょうをふる。

コンテナについて

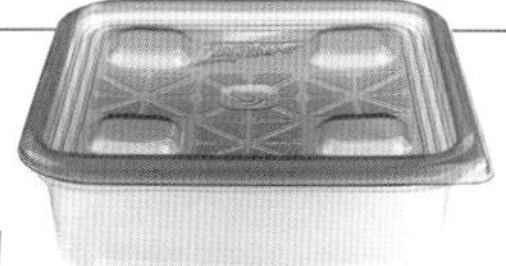

本書で使うコンテナは700mlの正方形タイプのみ!

コンテナには、さまざまなタイプがありますが、冷凍コンテナひとり鍋で使用するコンテナは、プラスチック製の正方形タイプで、内容量は700ml、サイズは縦156mm×横156mm×高さ53mm、重さは43gのものです。
このタイプは、本体とふたが薄くて軽いので、取り扱いが楽です。パッキンを使用していないタイプですが、ふたがしっかりと閉まるので汁けの多い鍋にも安心して使えます。冷凍保存できて耐熱性があり、ふたもレンジ加熱ができ、そのまま食卓に出せます。ドラッグストアやホームセンターなど、日用品を扱っている店舗のほか、ネットなどでも購入できます。

使い方と注意点

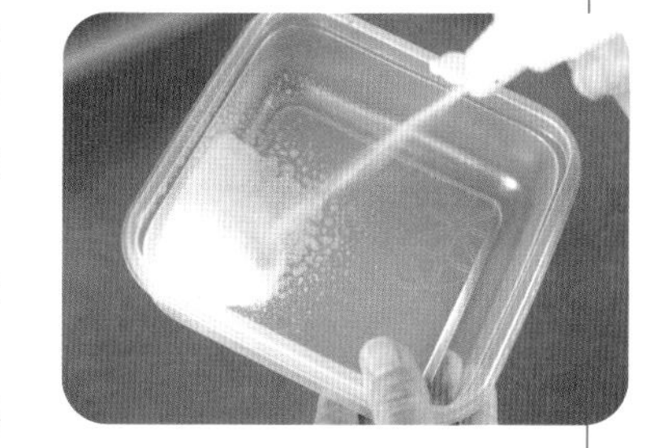

●調味料と具材を入れたら、しっかりふたをして冷凍しましょう。冷凍コンテナひとり鍋は、液量が多いので、きちんとふたが閉まっていないと、漏れの原因になります。
●冷凍庫に入れるときは、横にせず、平らな状態で冷凍してください。
●電子レンジで加熱するときは、ふたを斜めにずらして使用してください。
●洗うときは、スプレータイプの台所用洗剤を全体に吹きかけ、水洗いすることで隅々まできれいに洗えます。
●食品の種類(トマトソースやカレーなど)によっては、容器に色がつくことがあります。
●臭いが気になる場合は、水大さじ3と塩小さじ1/2を入れてふたを閉めてから、振り洗いした後に水洗いしてください。

電子レンジ調理について

W数と加熱時間

●電子レンジは、600Wを基準としています。500Wの場合は1.2倍、700Wの場合は0.85倍の時間を目安に加熱してください。機種によっても差が生じる場合がありますので、下の表を参考に、様子を見ながら加熱してください。
●電子レンジの加熱時間は、重量によって異なりますので、本書の材料に記載されている分量(g数)が基準となります。g数は、皮や種を除いた正味です。
●コンテナは、プラスチック製で耐熱性があり、冷凍可能なものを使ってください。ふたが耐熱性でない場合は、ふたを外してラップをふんわりとかけてレンジで加熱してください。

600W	500W	700W
2分	2分20秒	1分40秒
3分	3分40秒	2分30秒
12分	14分20秒	10分10秒
14分	16分50秒	11分50秒

※電子レンジの機種によっては、連続加熱運転の最大時間が15分のものもありますので、注意してください。

電子レンジ庫内でコンテナを置く場所について

●電子レンジはフラットタイプのものを使用しています。電子レンジのタイプによって、コンテナを置く場所が違いますので、注意してください。
●フラットタイプの電子レンジの場合は、コンテナをレンジの中央に置くことで効率よく熱が伝わります。
●ターンテーブルタイプの電子レンジの場合は、コンテナをお皿の端に置くことでしっかり熱が伝わります。
●どちらの場合も、ふたを斜めにのせてから加熱してください。

電子レンジで加熱するときの注意点

ふたを斜めにして加熱

電子レンジで加熱するときは、必ずふたを斜めにして加熱してください。ふたを閉めたまま加熱すると、破裂する危険性があります。蒸気の逃げ道を作るためにも、ふたは斜めにずらしてから加熱しましょう。

取り出すときは、ミトンなどを使用

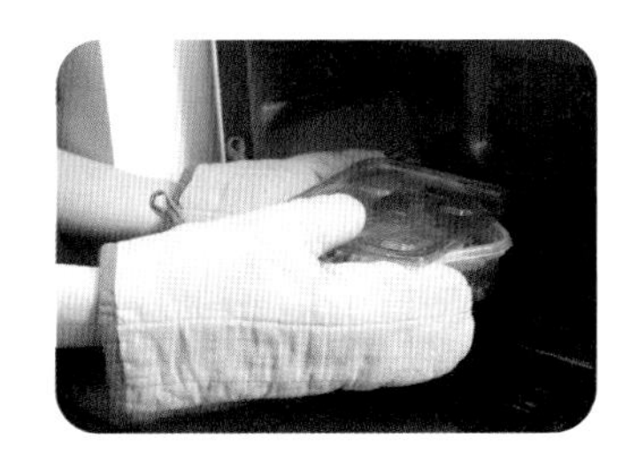

加熱後のコンテナは、容器自体も熱くなっています。取り出すときは、ミトンなどの鍋つかみを使って火傷をしないように注意してください。滑り止めのついたものがおすすめです。

トレーにのせて運ぶ

電子レンジからコンテナを取り出したら、トレーなどにのせて食卓まで運びましょう。液量が多いため、そのままミトンで運ぶより、トレーなどにのせて運んだほうが安全です。

※電子レンジ調理では、液体を温めると激しく沸騰する「突沸」という現象が起きる可能性があります。火傷には十分気をつけてください。

CHAPTER

1

和の定番鍋

冷凍コンテナで作る鍋は、
切って詰めて冷凍するだけで
さまざまなバリエーションを楽しめます。
まずは、寄せ鍋やすき焼き、タラちり鍋など
和風のだしがしみわたる、
定番鍋を紹介します。

和の定番鍋
1
冷凍期間
30日
加熱時間 600Wで
12分

しょうゆベースの定番中の定番鍋！

鶏の寄せ鍋

材料（1人分）

鶏もも肉……70g
にんじん……1/4本(30g)
白菜……1枚(80g)
水菜……10g
しめじ……30g
A
- 水……300ml
- しょうゆ……小さじ2
- 酒・みりん・和風だしの素(顆粒)……各小さじ1

作り方

❶ Aをコンテナに入れて混ぜ合わせる。
❷ にんじんは短冊切りにし、白菜は縦半分にして2cm幅に切り、水菜は5cm長さに切り、しめじは小房に分けて①に入れる。
❸ 鶏肉は一口大に切って②に入れる。
❹ ふたをしっかり閉めて冷凍する。

食べるとき

ふたを斜めにのせ、レンジで12分。

おすすめのシメ

雑炊(P.14)

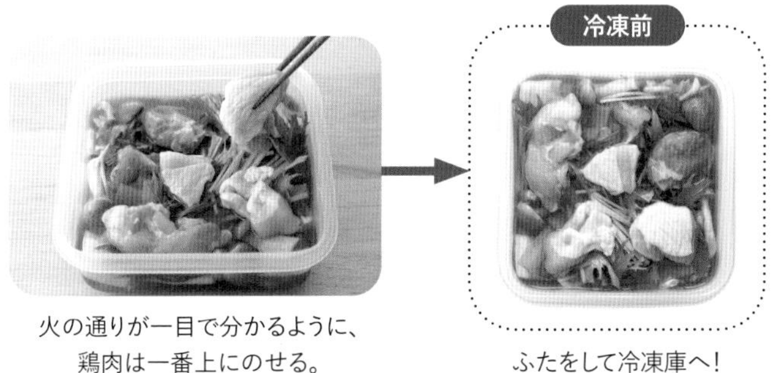

火の通りが一目で分かるように、
鶏肉は一番上にのせる。

ふたをして冷凍庫へ！

冷凍期間 30日

加熱時間 600Wで 12分

甘辛い味がくせになる！

牛すき焼き鍋

材料（1人分）

牛切り落とし肉 …… 70g
長ねぎ …… 20cm（40g）
しいたけ …… 1個（20g）
焼き豆腐 …… 1/6丁（50g）
春菊 …… 1株（20g）
A ┌ 水 …… 300ml
　│ しょうゆ …… 大さじ1
　└ 酒・砂糖 …… 各小さじ1

作り方

❶ Aをコンテナに入れて混ぜ合わせる。
❷ 長ねぎは1cm幅の斜め切り、しいたけは半分に切り、焼き豆腐は2cm幅に切り、春菊は5cm長さに切って①に入れる。
❸ 牛肉は②に1枚ずつ入れる。
❹ ふたをしっかり閉めて冷凍する。

食べるとき

ふたを斜めにのせ、レンジで12分。
好みで溶き卵（分量外）を付けても。

おすすめのシメ

うどん（P.15）

牛肉は、できるだけ
重ならないようにのせる。

ふたをして冷凍庫へ！

和の定番鍋
3
冷凍期間
14日
加熱時間 600Wで
12分

ふっくらとしただんごが美味！

鶏だんごの寄せ鍋

材料（1人分）

鶏ひき肉……100g
キャベツ……1枚（50g）
にんじん……1/4本（30g）
まいたけ……30g

A
片栗粉……小さじ1
塩・すりおろし生姜……各少々

B
水……300ml
めんつゆ（3倍濃縮）……大さじ1
酒・和風だしの素（顆粒）……各小さじ1

作り方

❶ Bをコンテナに入れて混ぜ合わせる。
❷ キャベツは3cm大に切り、にんじんは5mm幅の輪切り、まいたけは小房に分けて①に入れる。
❸ ボウルに鶏ひき肉とAを入れて練り混ぜ、小さめの丸いだんご状にして②に入れる。
❹ ふたをしっかり閉めて冷凍する。

食べるとき

ふたを斜めにのせ、レンジで12分。

おすすめのシメ

雑炊（P.14）

鶏だんごは、火が通りやすいように
小さめに成形する。

鶏だんごは、できるだけくっつかないように
コンテナに入れる。

冷凍前

ふたをして冷凍庫へ！

和の定番鍋
4
冷凍期間
30日
加熱時間 600Wで
12分

タラのうまみとだしが絶品！

タラちり鍋

材料（1人分）

タラ（切り身）……1切れ
にんじん……1/4本（30g）
豆苗……50g
しめじ……30g
塩……少々
A
- 水……300ml
- ポン酢しょうゆ……大さじ1
- 和風だしの素（顆粒）……小さじ2

作り方

❶ Aをコンテナに入れて混ぜ合わせる。
❷ にんじんは3mm幅の半月切り、豆苗は5cm長さに切り、しめじは小房に分けて①に入れる。
❸ タラは塩をふって5分置き、水で洗い流してキッチンペーパーなどで水けを拭く。3等分に切ってから②に入れる。
❹ ふたをしっかり閉めて冷凍する。

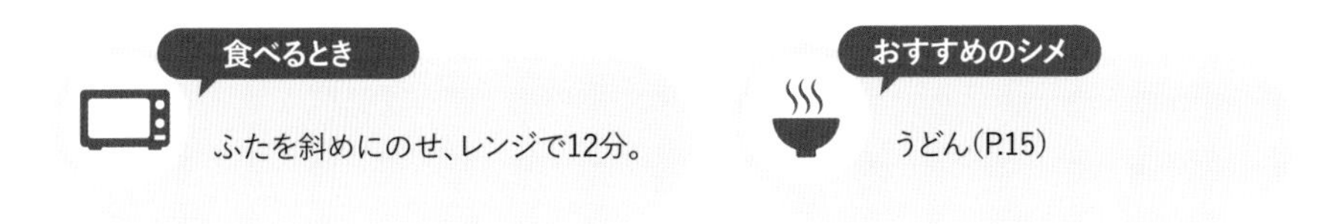

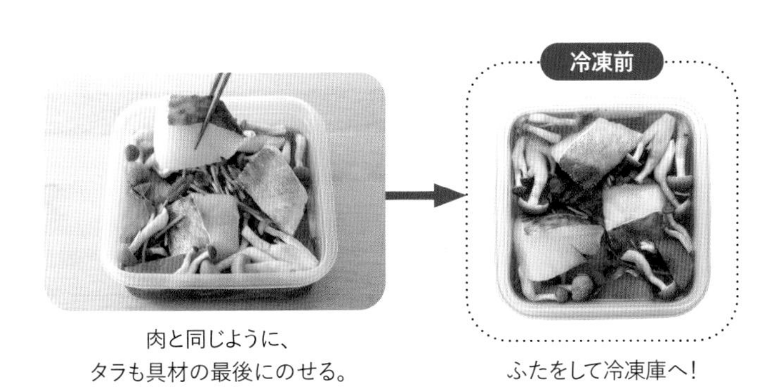

肉と同じように、
タラも具材の最後にのせる。

ふたをして冷凍庫へ！

和の定番鍋
5
冷凍期間
30日
加熱時間 600Wで
12分

昆布だしがしみた、やさしい味わい

湯豆腐鍋

材料(1人分)

木綿豆腐 …… 1/2丁(150g)
昆布(だし用・乾燥) …… 5cm角
長ねぎ …… 20cm(40g)
しいたけ …… 1個(20g)
A
- 水 …… 300ml
- しょうゆ …… 大さじ1
- 酒 …… 小さじ1
- みりん・和風だしの素(顆粒) …… 各小さじ1/2

青じそ …… 適量

作り方

❶ Aをコンテナに入れて混ぜ合わせる。
❷ 昆布はキッチンバサミで両端に1cm間隔の切れ目を入れ、①に入れる。
❸ 長ねぎは1cm幅の斜め切り、しいたけは薄切り、豆腐は1cm幅に切って②に入れる。
❹ ふたをしっかり閉めて冷凍する。

食べるとき

ふたを斜めにのせ、レンジで12分。
青じそとだしに使った昆布を細切りにして添える。

おすすめのシメ 雑炊(P.14)

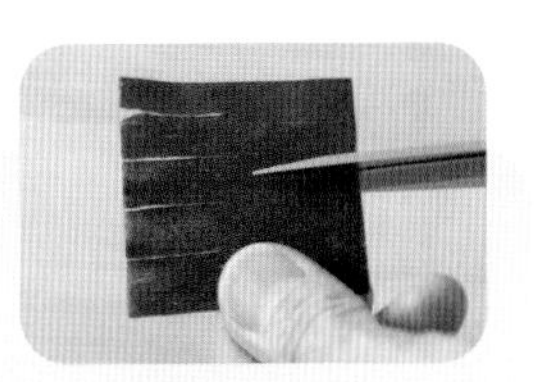

昆布は、だしが出やすいように切り込みを入れる。

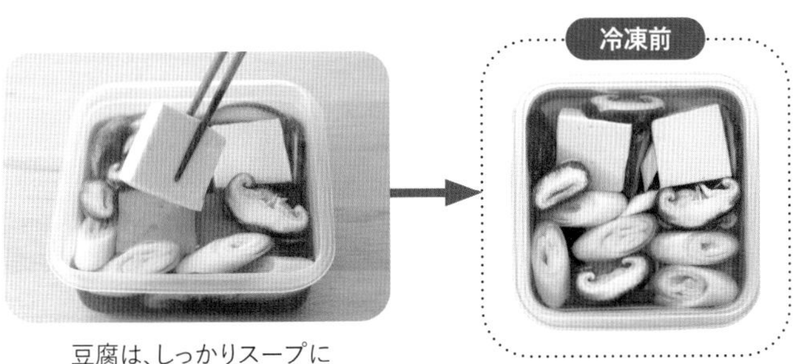

豆腐は、しっかりスープに浸かるように入れる。

ふたをして冷凍庫へ!

ほうれん草と豚肉で、飽きのこない味

常夜鍋

材料（1人分）

豚こま切れ肉 …… 70g
ほうれん草 …… 2株（60g）
えのきたけ …… 50g
片栗粉 …… 小さじ1/2

A
- 水 …… 300ml
- 酒・ポン酢しょうゆ …… 各大さじ1
- 昆布だしの素（顆粒） …… 小さじ1
- すりおろし生姜 …… 少々

作り方

❶ Aをコンテナに入れて混ぜ合わせる。
❷ ほうれん草とえのきたけは、それぞれ3cm長さに切って①に入れる。
❸ 豚肉に片栗粉をまぶして②に1枚ずつ入れる。
❹ ふたをしっかり閉めて冷凍する。

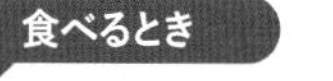

ふたを斜めにのせ、レンジで12分。

雑炊（P.14）

野菜たっぷりであっさりとした鍋

塩ちゃんこ鍋

材料（1人分）

鶏もも肉……70g
白菜……1枚(80g)
油揚げ……1/2枚(20g)
ニラ……2本(20g)
A
水……300ml
酒・鶏ガラスープの素(顆粒)……各小さじ1
塩……小さじ1/3
すりおろし生姜……少々

作り方

❶ Aをコンテナに入れて混ぜ合わせる。
❷ 白菜は縦半分～1/4にして2cm幅に切り、油揚げは縦半分にして1cm幅に切り、ニラは5cm長さに切って①に入れる。
❸ 鶏肉は一口大に切って②に入れる。
❹ ふたをしっかり閉めて冷凍する。

ふたを斜めにのせ、レンジで12分。

中華麺(P.15)

レンチン後に追いバターをするとコクアップ!

鮭の石狩鍋

材料(1人分)

鮭(切り身)……1切れ
キャベツ……1枚(50g)
かぼちゃ……30g
グリーンアスパラガス……2本(30g)
ホールコーン(缶詰)……大さじ1
塩……少々
バター……8g
A 水……300ml
A 酒・みりん……各大さじ1
A 和風だしの素(顆粒)・みそ……各小さじ1

作り方

1. Aをコンテナに入れて混ぜ合わせる。
2. キャベツは3cm大、かぼちゃは5mm幅の3等分に切り、アスパラガスは5cm長さに斜めに切る。コーンとともに①に入れる。
3. 鮭は塩をふって5分置き、水で洗ってキッチンペーパーなどで水けをふく。3等分に切って②に入れ、バターをのせる。
4. ふたをしっかり閉めて冷凍する。

食べるとき

ふたを斜めにのせ、レンジで12分。好みでバター(分量外)をのせる。

ペンネ(P.15)

刺身用のマグロを使って簡単に！

ねぎま鍋

材料（1人分）

マグロ（刺身用・切り落とし）……80g
長ねぎ……20cm（40g）
細ねぎ……2本（20g）
えのきたけ……50g

A
- 水……300ml
- めんつゆ（3倍濃縮）……大さじ1
- 酒・みりん……各小さじ2
- 和風だしの素（顆粒）……小さじ1
- すりおろし生姜……少々

作り方

1. Aをコンテナに入れて混ぜ合わせる。
2. 長ねぎと細ねぎ、えのきたけは、それぞれ3cm長さに切って①に入れる。
3. マグロを②に入れる。
4. ふたをしっかり閉めて冷凍する。

ふたを斜めにのせ、レンジで12分。

うどん（P.15）

シャキシャキ食感がたまらない

水菜のハリハリ鍋

材料(1人分)

豚こま切れ肉……70g
水菜……30g
油揚げ……1/2枚(20g)
もやし……30g
片栗粉……小さじ1/2
A 水……300ml
A めんつゆ(3倍濃縮)……大さじ1
A みりん……小さじ2

作り方

❶ Aをコンテナに入れて混ぜ合わせる。
❷ 水菜は5cm長さに切り、油揚げは細切りにしてもやしとともに①に入れる。
❸ 豚肉は片栗粉をまぶして②に1枚ずつ入れる。
❹ ふたをしっかり閉めて冷凍する。

食べるとき

ふたを斜めにのせ、レンジで12分。

おすすめのシメ

うどん(P.15)

CHAPTER

2

アレンジ鍋

だしやしょうゆ味の鍋もいいけれど、
少し違った味を楽しみたいという人に
おすすめなのが、この章で紹介するアレンジ鍋です。
加える材料や調味料を変えれば、
いつもとは違った味わいになり、
鍋の楽しみ方がぐんと広がります。

アレンジ鍋
1
冷凍期間
30日
加熱時間 600Wで
12分

さわやかな香りと麹の風味を堪能できる

レモン塩麹の鍋

材料(1人分)

鶏むね肉……70g
白菜……1枚(80g)
エリンギ……1本(30g)
もやし……50g
レモン(輪切り)……2枚
塩麹……大さじ1
バター……8g
A
- 水……300ml
- 酒……大さじ1
- レモン汁……小さじ1
- 塩……小さじ1/3

作り方

❶ Aをコンテナに入れて混ぜ合わせる。
❷ 白菜は縦半分にして2cm幅に切り、エリンギは長さを半分にして5mm幅に切り、もやしとレモンとともに①に入れる。
❸ 鶏むね肉は薄いそぎ切りにし、塩麹を揉み込んで②に入れ、バターをのせる。
❹ ふたをしっかり閉めて冷凍する。

食べるとき

ふたを斜めにのせ、レンジで12分。

おすすめのシメ

ご飯とともに食べる

鶏むね肉を加えた後に、
最後にバターをのせる。

ふたをして冷凍庫へ！

アレンジ鍋
2
冷凍期間
30日
加熱時間 600Wで
12分

香味野菜が味のアクセント

香味野菜の鶏鍋

材料（1人分）

鶏むね肉……70g
長ねぎ……20cm（40g）
豆苗……50g
かいわれ大根……30g
片栗粉……小さじ1

A
- 水……300ml
- 酒……大さじ1
- しょうゆ……小さじ2
- ごま油・鶏ガラスープの素（顆粒）……各小さじ1
- すりおろし生姜……少々

作り方

❶ Aをコンテナに入れて混ぜ合わせる。
❷ 長ねぎは斜め薄切りにし、豆苗とかいわれ大根は5cm長さに切り、①に入れる。
❸ 鶏むね肉は、薄いそぎ切りにして片栗粉をまぶして②に入れる。
❹ ふたをしっかり閉めて冷凍する。

ふたを斜めにのせ、レンジで12分。

中華麺（P.15）

片栗粉をまぶすことで、肉のうまみを閉じ込めるだけでなく、ほどよく柔らかくなる。

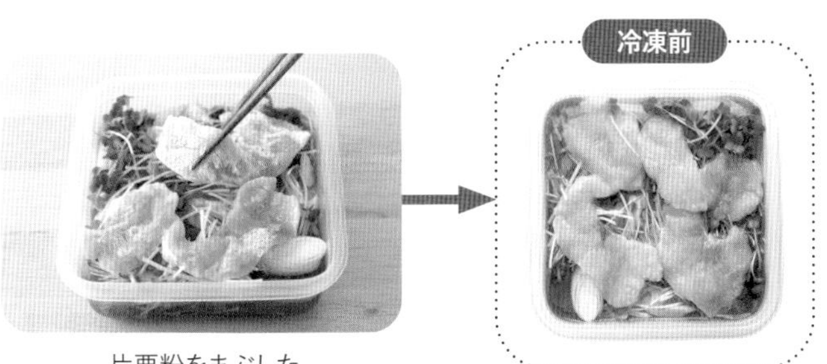

片栗粉をまぶした鶏肉をのせる。

ふたをして冷凍庫へ！

加熱中に溢れないよう、低脂肪牛乳を使って

エビの牛乳鍋

材料(1人分)

むきエビ……70g
しめじ……30g
カリフラワー……50g
ミックスベジタブル(冷凍)……大さじ2
塩……少々
片栗粉……適量
A
水……200ml
低脂肪牛乳……50ml
洋風スープの素(顆粒)……小さじ1

作り方

❶ Aをコンテナに入れて混ぜ合わせる。
❷ しめじとカリフラワーは小房に分け、ミックスベジタブルとともに①に入れる。
❸ エビは塩と片栗粉を揉み込んでから水で洗い、キッチンペーパーなどで水けを拭いて②に入れる。
❹ ふたをしっかり閉めて冷凍する。

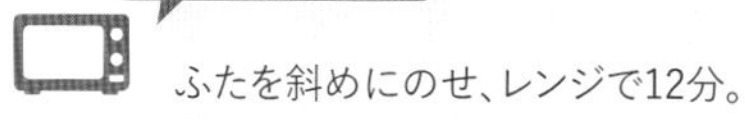

野菜や豆腐など、具だくさんの絶品鍋！

根菜のけんちん鍋

材料（1人分）

豚こま切れ肉……70g
にんじん……1/4本（30g）
れんこん……30g
しいたけ……1個（20g）
木綿豆腐……1/6丁（50g）
片栗粉……小さじ1/2
A
- 水……300ml
- めんつゆ（3倍濃縮）……大さじ1
- 和風だしの素（顆粒）……小さじ1

細ねぎ……適量

作り方

❶ Aをコンテナに入れて混ぜ合わせる。
❷ にんじんは短冊切り、れんこんは3mm幅のいちょう切り、しいたけは薄切りにし、豆腐は1cm幅に切って①に入れる。
❸ 豚肉は片栗粉をまぶして②に1枚ずつ入れる。
❹ ふたをしっかり閉めて冷凍する。

食べるとき

ふたを斜めにのせ、レンジで12分。
小口切りにした細ねぎをのせる。

雑炊（P.14）

トマトの酸味であっさり食べられる

すき焼きトマト鍋

材料（1人分）

牛切り落とし肉……70g
長ねぎ……20cm(40g)
しめじ……50g
ミニトマト……4個
A
水……300ml
カットトマト(缶詰)……大さじ2
しょうゆ・酒・砂糖……各小さじ2
和風だしの素(顆粒)……小さじ1

作り方

❶ Aをコンテナに入れて混ぜ合わせる。
❷ 長ねぎは5mm幅の斜め薄切り、しめじは小房に分け、ミニトマトは半分に切って①に入れる。
❸ 牛肉は②に1枚ずつ入れる。
❹ ふたをしっかり閉めて冷凍する。

食べるとき

ふたを斜めにのせ、レンジで12分。

おすすめのシメ

パンとともに食べる

おろし生姜の香りと風味で食欲が増す！

鶏ともやしの塩鍋

材料（1人分）

鶏もも肉……70g
もやし……50g
ピーマン……1個(40g)
まいたけ……30g

A
- 水……300ml
- しょうゆ・鶏ガラスープの素（顆粒）……各小さじ1
- 塩・すりおろし生姜……各小さじ1/2

作り方

❶ Aをコンテナに入れて混ぜ合わせる。
❷ ピーマンは細切り、まいたけは小房に分けてもやしとともに①に入れる。
❸ 鶏もも肉は一口大に切り、②に入れる。
❹ ふたをしっかり閉めて冷凍する。

食べるとき

ふたを斜めにのせ、レンジで12分。

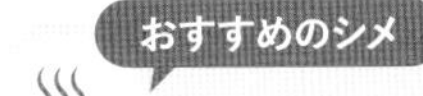

おすすめのシメ

うどん(P.15)

オイスターソースでコクをプラス

カニカマのちゃんぽん鍋

材料(1人分)

カニ風味かまぼこ …………… 4本(30g)
チンゲン菜 …………………………… 80g
えのきたけ …………………………… 50g

A	
水 ………………………………	250ml
低脂肪牛乳 ………………………	50ml
鶏ガラスープの素(顆粒) …	小さじ1
オイスターソース ……	小さじ1/2
すりおろし生姜 …………………	少々

作り方

❶ Aをコンテナに入れて混ぜ合わせる。
❷ チンゲン菜とえのきたけは、それぞれ5cm長さに切って①に入れる。
❸ カニ風味かまぼこは、斜め半分に切って②に入れる。
❹ ふたをしっかり閉めて冷凍する。

食べるとき

ふたを斜めにのせ、レンジで12分。

中華麺(P.15)

濃厚なみそと海鮮がベストマッチ

みそ仕立ての海鮮鍋

材料（1人分）

シーフードミックス（冷凍）……… 100g
木綿豆腐 …………………… 1/6丁（50g）
長ねぎ ……………………… 20cm（40g）
春菊 ………………………… 1株（20g）

A
- 水 …………………………… 300ml
- 酒・みりん ……………… 各大さじ1
- みそ ………………………… 小さじ2
- 和風だしの素（顆粒）…… 小さじ1

作り方

1. Aをコンテナに入れて混ぜ合わせる。
2. 長ねぎは1cm幅の斜め切り、春菊は5cm長さに切り、豆腐は1cm幅に切って①に入れる。
3. シーフードミックスを②に入れる。
4. ふたをしっかり閉めて冷凍する。

ふたを斜めにのせ、レンジで12分。

雑炊（P.14）

ごまの風味とさっぱりしたポン酢が決め手！

ブリのごまポン鍋

材料（1人分）

ブリ（切り身）……1切れ
豆苗……50g
にんじん……1/4本（30g）
しめじ……30g
塩……少々
片栗粉……小さじ1/2

A
水……300ml
ポン酢しょうゆ……大さじ1
和風だしの素（顆粒）・酒・みりん・白すりごま……各小さじ1

作り方

❶ Aをコンテナに入れて混ぜ合わせる。
❷ 豆苗は5cm長さに切り、にんじんは短冊切りにし、しめじは小房に分けて①に入れる。
❸ ブリは塩をふって5分置き、水で洗い流してキッチンペーパーなどで水けを拭く。半分に切って片栗粉をまぶし、②に入れる。
❹ ふたをしっかり閉めて冷凍する。

食べるとき

ふたを斜めにのせ、レンジで12分。

雑炊（P.14）

ピリッとしたゆずこしょうがポイント！

タラのゆずこしょう鍋

材料（1人分）

タラ（切り身）……1切れ
キャベツ……1枚（50g）
かぶ（葉付き）……1個（100g）
パプリカ（赤）……1/8個（20g）
塩……少々

A
- 水……300ml
- しょうゆ・酒……各小さじ2
- 昆布だしの素（顆粒）・ゆずこしょう……各小さじ1

作り方

1. Aをコンテナに入れて混ぜ合わせる。
2. キャベツは3cm大に切り、かぶは5mm幅の薄切り、かぶの葉と茎は5cm長さに切り、パプリカは長さを半分にして細切りにし、①に入れる。
3. タラは塩をふって5分置き、水で洗い流してキッチンペーパーなどで水けを拭く。3等分に切って②に入れる。
4. ふたをしっかり閉めて冷凍する。

ふたを斜めにのせ、レンジで12分。

うどん（P.15）

COLUMN 1 その日の気分で味を選べる！

基本の寄せ鍋&つけだれ

鍋のスープの味をシンプルにすれば、
食べる日の気分に合わせて好みのつけだれで鍋を楽しむことができます。
そこで、基本の寄せ鍋の作り方に併せて、我が家でも愛用している
イチオシのつけだれを紹介します。

基本の寄せ鍋

材料(1人分)

鶏もも肉……70g
白菜……1枚(80g)
にんじん……1/4本(30g)
しいたけ……1個(20g)
春菊……1株(20g)
A
- 水……300ml
- 和風だしの素(顆粒)……小さじ1

作り方

❶ Aをコンテナに入れて混ぜ合わせる。
❷ 白菜は縦半分にして2cm幅に切り、にんじんは5mm幅の輪切り、しいたけは4等分に切り、春菊は5cm長さに切って①に入れる。
❸ 鶏肉は一口大に切って②に入れる。
❹ ふたをしっかり閉めて冷凍する。
❺ 食べるときはふたを斜めにのせ、電子レンジ(600W)で12分加熱する。

ろこ流！つけだれ

材料と作り方(1人分)

ポン酢レモン

ポン酢しょうゆ(大さじ3)とレモン汁(適量)を混ぜ合わせ、スライスしたレモン(適量)を入れる。

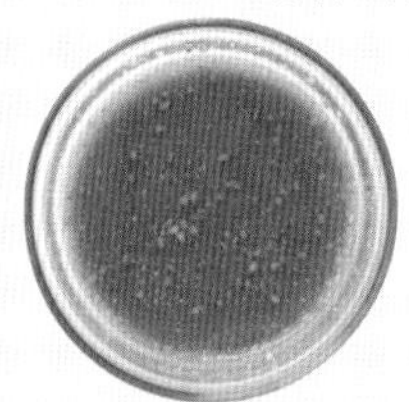

ごまみそ

みそ(小さじ1)と白すりごま(大さじ1)、湯(大さじ3)を混ぜ合わせる。

めんつゆニンニク

すりおろしニンニク(少々)とめんつゆ(3倍濃縮・大さじ2)、湯(大さじ2)を混ぜ合わせる。

中華塩だれ

鶏ガラスープの素(顆粒・小さじ1)と湯(大さじ3)、すりおろし生姜(少々)を混ぜ合わせる。

CHAPTER

3

洋風鍋

煮込むのに時間のかかる
ブイヤベースやビーフシチューなどの
西洋料理もレンチンするだけの鍋でお手軽に！
パンを添えたり、ペンネをシメにすれば
体が温まる大満足の一食になります。

洋風鍋
1
冷凍期間
30日
加熱時間 600Wで
12分
R&D.M.Co-
quality :
size :
name :

魚のうまみを味わえるボリューム鍋

ブイヤベース トマト鍋

材料（1人分）

むきエビ	70g
タラ（切り身）	1切れ
アサリ（水煮・缶詰）	1缶（130g）
玉ねぎ	1/8個（25g）
ミニトマト	4個
塩	少々
片栗粉	適量
A 水	150ml
A カットトマト（缶詰）	大さじ4
A 洋風スープの素（顆粒）	小さじ1
A すりおろしニンニク	少々

作り方

1. Aをコンテナに入れて混ぜ合わせる。
2. 玉ねぎは薄切り、ミニトマトは半分に切り、アサリは汁ごと①に入れる。
3. エビは、塩と片栗粉を揉み込んで水で洗い、キッチンペーパーなどで水けを拭いて②に入れる。
4. タラは塩少々（分量外）をふって5分置き、水で洗い流してキッチンペーパーなどで水けを拭く。3等分に切って③に入れる。
5. ふたをしっかり閉めて冷凍する。

食べるとき

ふたを斜めにのせ、レンジで12分。

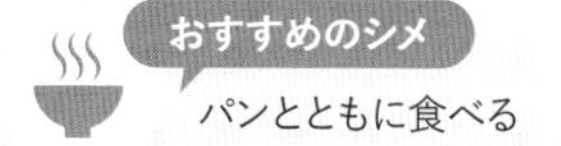

おすすめのシメ

パンとともに食べる

汚れと臭みを取るために、
エビに塩と片栗粉を揉み込む。

塩をふって水洗いした
タラを加える。

ふたをして冷凍庫へ！

洋風鍋
2
冷凍期間
30日
加熱時間 600Wで
12分

ミックスベジタブルとカットトマトで簡単

野菜たっぷり ミネストローネ鍋

材料（1人分）

ベーコン（スライス）…………2枚（30g）
玉ねぎ……………………1/4個（50g）
キャベツ…………………………1枚（50g）
ミックスベジタブル（冷凍）……大さじ3

A
- 水……………………………………250ml
- カットトマト（缶詰）………大さじ3
- オリーブオイル・砂糖・洋風スープの素（顆粒）………各小さじ1
- 塩……………………………………少々

作り方

❶ Aをコンテナに入れて混ぜ合わせる。
❷ 玉ねぎは1cm大に切り、キャベツは3cm大に切り、ミックスベジタブルとともに①に入れる。
❸ ベーコンは1cm幅に切り、②に入れる。
❹ ふたをしっかり閉めて冷凍する。

食べるとき

ふたを斜めにのせ、レンジで12分。

おすすめのシメ

リゾット（P.14）

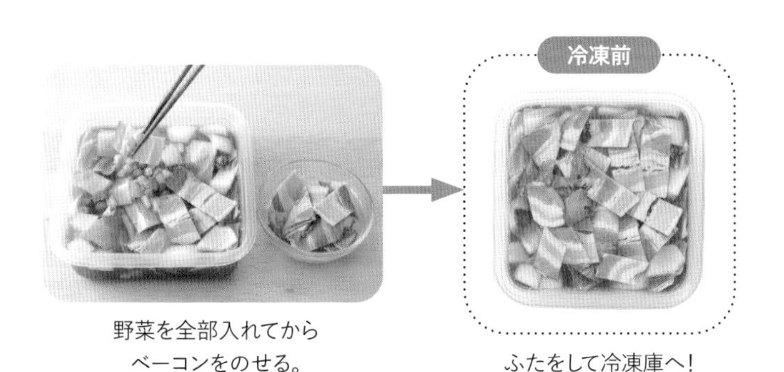

冷凍前

野菜を全部入れてから
ベーコンをのせる。

ふたをして冷凍庫へ！

洋風鍋
3
冷凍期間
30日
加熱時間 600Wで
12分

煮込む手間のかかるビーフシチューを手軽に！

ビーフシチュー鍋

材料（1人分）

牛切り落とし肉……70g
玉ねぎ……1/4個(50g)
にんじん……1/4本(30g)
マッシュルーム(水煮・スライス)…50g
片栗粉……小さじ1/2
A
- 水……300ml
- ビーフシチューのルウ(顆粒)……大さじ2
- 洋風スープの素(顆粒)…小さじ1

作り方

1. Aをコンテナに入れて混ぜ合わせる。
2. 玉ねぎは薄切り、にんじんは3mm幅の半月切りにし、マッシュルームとともに①に入れる。
3. 牛肉は片栗粉をまぶして②に1枚ずつ入れる。
4. ふたをしっかり閉めて冷凍する。

食べるとき

ふたを斜めにのせ、レンジで12分。

おすすめのシメ

ペンネ(P.15)

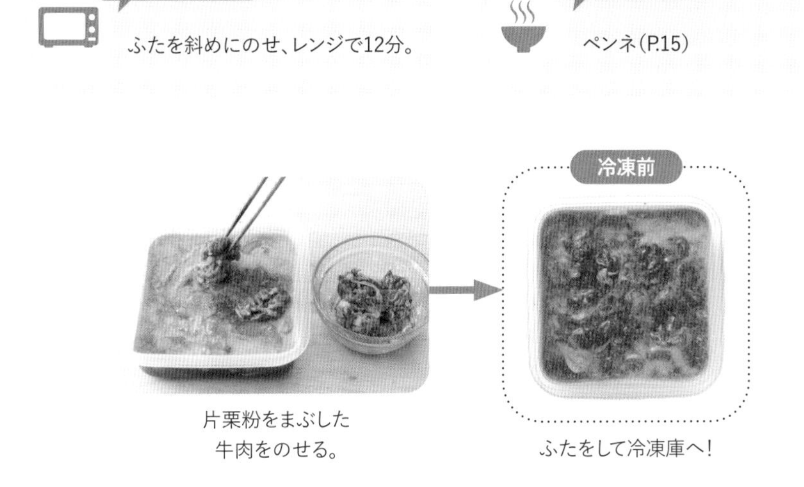

片栗粉をまぶした
牛肉をのせる。

ふたをして冷凍庫へ！

たっぷりの野菜からでたうまみを味わう

ポトフ鍋

材料(1人分)

ウインナー……2本(30g)
キャベツ……1枚(50g)
にんじん……1/4本(30g)
玉ねぎ……1/8個(25g)
グリーンアスパラガス……2本(30g)
A 水……300ml
A 洋風スープの素(顆粒)…小さじ2

作り方

1. Aをコンテナに入れて混ぜ合わせる。
2. キャベツは3cm大に切り、にんじんは3mm幅の半月切り、玉ねぎは薄切り、アスパラガスは斜め細切りにして①に入れる。
3. ウインナーは5mm幅の斜め切りにして②に入れる。
4. ふたをしっかり閉めて冷凍する。

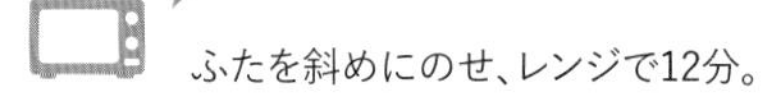

ふたを斜めにのせ、レンジで12分。

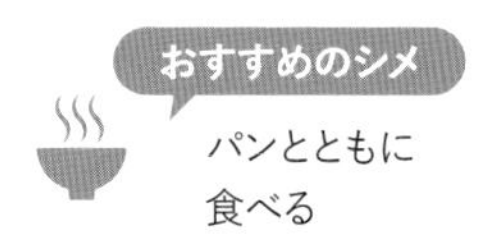

パンとともに
食べる

バターのコクがありつつ、塩であっさりと！

豚肉の塩バター鍋

材料（1人分）

豚こま切れ肉……70g
白菜……1枚（80g）
まいたけ……30g
片栗粉……小さじ1/2
バター……8g
A
- 水……300ml
- 酒……大さじ1
- 鶏ガラスープの素（顆粒）…小さじ2

粗びき黒こしょう……適量

作り方

1. Aをコンテナに入れて混ぜ合わせる。
2. 白菜は縦半分にして2cm幅に切り、まいたけは小房に分けて①に入れる。
3. 豚肉は片栗粉をまぶして②に1枚ずつ入れ、バターをのせる。
4. ふたをしっかり閉めて冷凍する。

食べるとき

ふたを斜めにのせ、レンジで12分。仕上げに黒こしょうをかけ、好みでバター（分量外）をのせる。

おすすめのシメ

パンとともに食べる

加熱後、しっかり混ぜてクリームチーズを溶かして

明太チーズ鍋

材料（1人分）

鶏ささみ	2本（120g）
明太子	1本（50g）
水菜	20g
しめじ	50g
片栗粉	小さじ1/2
クリームチーズ	30g
A 水	300ml
A 洋風スープの素（顆粒）	小さじ1

作り方

1. Aをコンテナに入れて混ぜ合わせる。
2. 水菜は5cm長さに切り、しめじは小房に分けて①に入れる。
3. 鶏肉は3等分のそぎ切りにし、片栗粉をまぶして②に入れる。
4. 明太子は薄皮から出し、クリームチーズとともに③に入れる。
5. ふたをしっかり閉めて冷凍する。

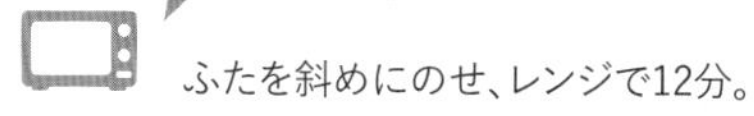

ふたを斜めにのせ、レンジで12分。

ペンネ（P.15）

カマンベールの濃厚なコクを味わえる

濃厚チーズ鍋

材料(1人分)

魚肉ソーセージ……1本(70g)
ブロッコリー……50g
ヤングコーン(水煮)……3本(25g)
カマンベールチーズ(小分けタイプ)……60g

A
- 水……300ml
- 白ワイン……大さじ1
- 洋風スープの素(顆粒)…小さじ2

作り方

1. Aをコンテナに入れて混ぜ合わせる。
2. ブロッコリーは小房に分け、ヤングコーンは斜め半分に切り、カマンベールチーズとともに①に入れる。
3. 魚肉ソーセージは5mm幅の斜め切りにして②に入れる。
4. ふたをしっかり閉めて冷凍する。

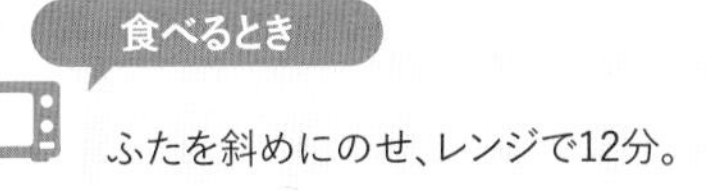

ふたを斜めにのせ、レンジで12分。

リゾット(P.14)

とうもろこしの実入りでコーン感アップ

クリーム コーン鍋

材料(1人分)

ベーコン(スライス) ………… 2枚(30g)
かぶ(葉付き) ……………… 1個(100g)
マッシュルーム(水煮・スライス) … 50g
ホールコーン(缶詰) ………… 大さじ1

A
- 水 …………………………… 250ml
- 低脂肪牛乳・クリームコーン(缶詰) ……………………… 各大さじ3
- 洋風スープの素(顆粒) … 小さじ2

作り方

1. Aをコンテナに入れて混ぜ合わせる。
2. かぶは5mm幅の薄切り、かぶの葉と茎は5cm長さに切り、コーンとマッシュルームとともに①に入れる。
3. ベーコンは1cm幅に切り、②に入れる。
4. ふたをしっかり閉めて冷凍する。

食べるとき

ふたを斜めにのせ、レンジで12分。

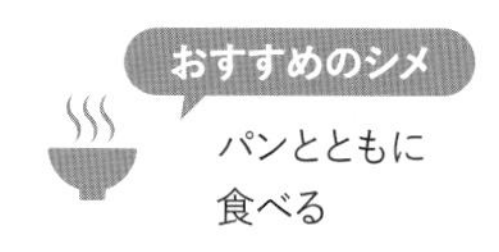

おすすめのシメ

パンとともに
食べる

アサリの缶汁を使うので、水は少なめに！

アサリのみそチャウダー鍋

材料（1人分）

アサリ（水煮・缶詰）……… 1缶（130g）
白菜 ……… 1枚（80g）
にんじん ……… 1/4本（30g）
パプリカ（黄）……… 1/8個（20g）

A
- 水 ……… 150ml
- 低脂肪牛乳 ……… 大さじ2
- 洋風スープの素（顆粒）…… 小さじ1
- みそ ……… 小さじ1/2

作り方

❶ Aをコンテナに入れて混ぜ合わせる。
❷ 白菜は縦半分〜1/4にして2cm幅に切り、にんじんとパプリカは5mm角に切り、①に入れる。
❸ アサリは汁ごと②に入れる。
❹ ふたをしっかり閉めて冷凍する。

食べるとき

ふたを斜めにのせ、レンジで12分。

おすすめのシメ

ペンネ（P.15）

スパイスの香りがやみつきになる！

バターチキンカレー鍋

材料（1人分）

鶏もも肉……70g
キャベツ……2枚（100g）
玉ねぎ……1/8個（25g）
片栗粉……小さじ1
バター……8g

A
- 水……300ml
- めんつゆ（3倍濃縮）……大さじ1
- カレー粉……小さじ2
- はちみつ……小さじ1

作り方

❶ Aをコンテナに入れて混ぜ合わせる。
❷ キャベツは3cm大に切り、玉ねぎは薄切りにして①に入れる。
❸ 鶏肉は一口大に切り、片栗粉をまぶして②に入れ、バターをのせる。
❹ ふたをしっかり閉めて冷凍する。

食べるとき

ふたを斜めにのせ、レンジで12分。

リゾット（P.14）

CHAPTER

アジア・エスニック鍋

ピリッとした辛味がくせになる
人気の韓国料理や中華料理のほか
ナンプラー香るタイ料理の鍋も味わいつくしましょう。
1人分ずつ作れるので、
家族でそれぞれ違った鍋を
楽しめるのもひとり鍋ならでは！

アジア・エスニック鍋 1
トムヤムクン鍋
冷凍期間 30日
加熱時間 600Wで 12分

アジア・エスニック鍋
2
冷凍期間
30日
加熱時間 600Wで
12分
タイスキ

酸味と辛味がマッチしたアジアの味わい

トムヤムクン鍋

材料(1人分)

むきエビ……70g
玉ねぎ……1/8個(25g)
パプリカ(赤)……1/8個(20g)
マッシュルーム(水煮・スライス)…50g
塩……少々
片栗粉……適量
A
- 水……300ml
- ナンプラー……小さじ2
- 鶏ガラスープの素(顆粒)・レモン汁……各小さじ1
- 砂糖・豆板醤……各小さじ1/2

香菜(もしくは三つ葉)……適量

作り方

❶ Aをコンテナに入れて混ぜ合わせる。
❷ 玉ねぎとパプリカは細切りにし、マッシュルームとともに①に入れる。
❸ エビは、塩と片栗粉を揉み込んでから水で洗い、キッチンペーパーなどで水けを拭いて②に入れる。
❹ ふたをしっかり閉めて冷凍する。

食べるとき

ふたを斜めにのせ、レンジで12分。
食べやすい長さに切った香菜をのせる。

おすすめのシメ

中華麺(P.15)

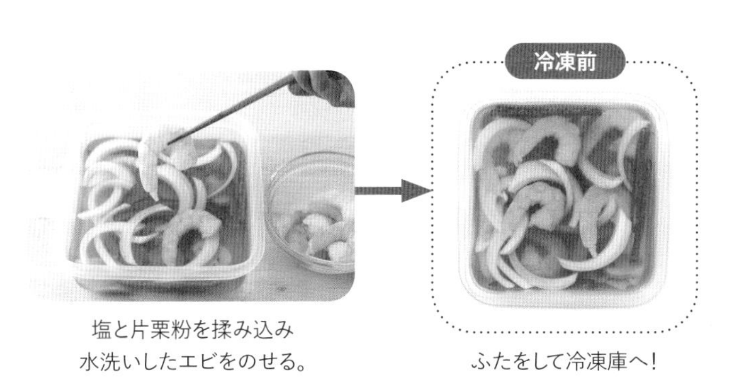

塩と片栗粉を揉み込み
水洗いしたエビをのせる。

ふたをして冷凍庫へ!

魚介風味が嬉しいエスニック鍋

タイスキ

材料(1人分)

タイ(刺身用)……50g
魚介のすり身だんご……4個(40g)
チンゲン菜……1/4株(50g)
ヤングコーン(水煮)……3本(25g)
A
- 水……300ml
- 酒・ナンプラー……各小さじ2
- 鶏ガラスープの素(顆粒)……小さじ1/2

香菜(もしくは三つ葉)……適量

作り方

❶ Aをコンテナに入れて混ぜ合わせる。
❷ チンゲン菜は5cm長さに切り、ヤングコーンは斜め半分に切り、①に入れる。
❸ タイは5mm幅のそぎ切りにして魚介のすり身だんごとともに②に入れる。
❹ ふたをしっかり閉めて冷凍する。

そぎ切りにしたタイをのせる。

ふたをして冷凍庫へ!

アジア・エスニック鍋 3

豚キムチ鍋

冷凍期間 30日

加熱時間 600Wで 12分

アジア・エスニック鍋
4
スンドゥブチゲ
冷凍期間
30日
加熱時間 600Wで
12分

キムチのピリ辛パワーで元気がでる

豚キムチ鍋

材料（1人分）

豚こま切れ肉	70g
白菜キムチ	100g
もやし	80g
ニラ	2本(20g)
片栗粉	小さじ1/2
A 水	300ml
A 鶏ガラスープの素(顆粒)・みそ	各小さじ1
A すりおろしニンニク	少々
黒炒りごま	適量

作り方

❶ Aをコンテナに入れて混ぜ合わせる。

❷ 白菜キムチともやしを①に入れ、ニラは5cm長さに切って加える。

❸ 豚肉に片栗粉をまぶして②に1枚ずつ入れる。

❹ ふたをしっかり閉めて冷凍する。

ふたを斜めにのせ、レンジで12分。黒ごまをふる。

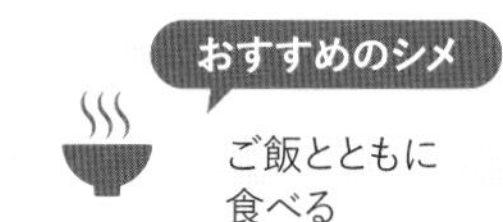

おすすめのシメ

ご飯とともに食べる

片栗粉をまぶしてうまみを閉じ込めた豚肉をのせる。

ふたをして冷凍庫へ！

アサリのだしでうまみもたっぷり

スンドゥブチゲ

材料(1人分)

牛切り落とし肉 …… 70g
アサリ(水煮・缶詰) …… 1缶(130g)
木綿豆腐 …… 1/6丁(50g)
長ねぎ …… 10cm(20g)
ニラ …… 1本(10g)
A
水 …… 150ml
酒・しょうゆ …… 各小さじ2
一味唐辛子・ごま油 …… 各小さじ1/2

作り方

❶ Aをコンテナに入れて混ぜ合わせる。
❷ 長ねぎは5mm幅の斜め切り、ニラは5cm長さに切り、豆腐は2cm幅に切って①に入れる。
❸ アサリは汁ごと②に入れ、牛肉も1枚ずつ入れる。
❹ ふたをしっかり閉めて冷凍する。

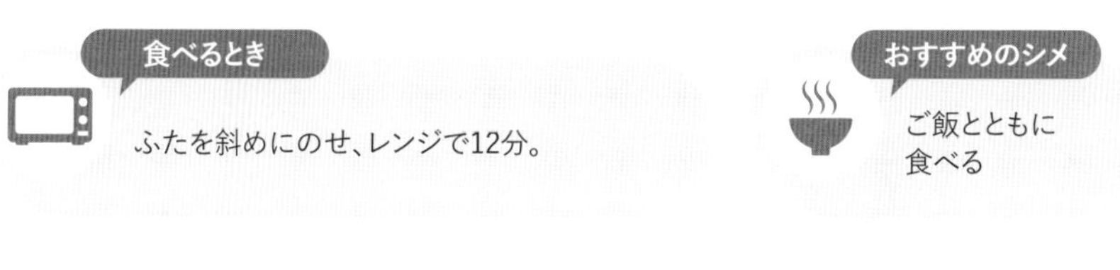

食べるとき
ふたを斜めにのせ、レンジで12分。

おすすめのシメ
ご飯とともに食べる

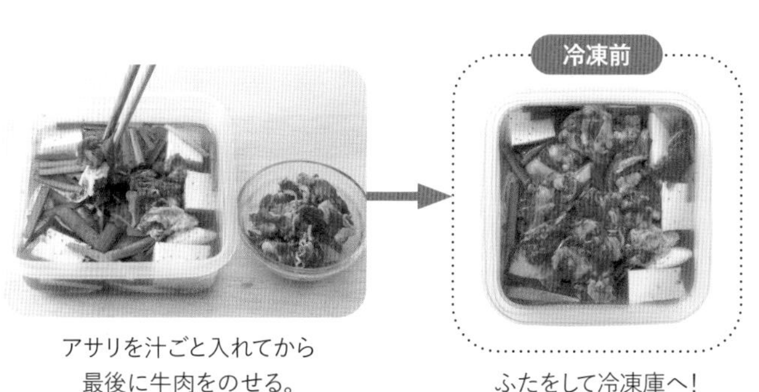

冷凍前

アサリを汁ごと入れてから最後に牛肉をのせる。

ふたをして冷凍庫へ!

アジア・エスニック鍋
5
タッカンマリ鍋
冷凍期間
30日
加熱時間 600Wで
14分
アジア・エスニック鍋
6
サムゲタン風鍋
冷凍期間
30日
加熱時間 600Wで
14分

じゃがいもの代わりに冷凍ポテトを使って！

タッカンマリ鍋

材料（1人分）

鶏手羽中……100g
長ねぎ……20cm（40g）
ニラ……1本（10g）
冷凍フライドポテト……70g
A
- 水……300ml
- 酒……大さじ1
- 鶏ガラスープの素（顆粒）…小さじ1
- 塩……小さじ1/3
- すりおろし生姜・すりおろしニンニク…各少々

作り方

❶ Aをコンテナに入れて混ぜ合わせる。
❷ 長ねぎは5mm幅の斜め切り、ニラは5cm長さに切って冷凍ポテトとともに①に入れる。
❸ 鶏手羽中を②に入れる。
❹ ふたをしっかり閉めて冷凍する。

食べるとき

ふたを斜めにのせ、レンジで14分。

おすすめのシメ

うどん（P.15）

お米も入って満足感もアップ！

サムゲタン風鍋

材料（1人分）

鶏手羽中……100g
れんこん……50g
長ねぎ……20cm（40g）
しいたけ……1個（20g）
米……大さじ1
酢……適量
A
- 水……300ml
- 酒……大さじ1
- 鶏ガラスープの素（顆粒）…小さじ1
- 塩・すりおろし生姜…各小さじ1/2

赤唐辛子……適量

作り方

❶ Aをコンテナに入れて混ぜ合わせる。
❷ れんこんは2mm幅のいちょう切りにして酢水に5分浸し、水けを切る。長ねぎは5mm幅の斜め切り、しいたけは2mm幅の薄切りにして①に入れる。
❸ 米と鶏手羽中を②に入れる。
❹ ふたをしっかり閉めて冷凍する。

食べるとき

ふたを斜めにのせ、レンジで14分。
輪切りの赤唐辛子をのせる。

おすすめのシメ

中華麺（P.15）

アジア・エスニック鍋
7
麻婆鍋
冷凍期間
14日
加熱時間 600Wで
12分
アジア・エスニック鍋
8
春雨中華鍋
冷凍期間
30日
加熱時間 600Wで
12分

豚ひき肉のコクとなすがベストマッチ

麻婆鍋

（マーボー）

材料（1人分）

豚ひき肉……70g
なす……1本（70g）
長ねぎ……10cm（20g）
細ねぎ……1本（10g）
塩……適量

A
水……300ml
しょうゆ……小さじ2
オイスターソース・鶏ガラスープの素（顆粒）……各小さじ1
砂糖・豆板醤……各小さじ1/2

作り方

1. Aをコンテナに入れて混ぜ合わせる。
2. なすは1cm角に切って塩水にさらし、水けを切って①に入れる。長ねぎは小口切り、細ねぎは1cm長さに切って加える。
3. 豚ひき肉はほぐしながら②に入れる。
4. ふたをしっかり閉めて冷凍する。

食べるとき

ふたを斜めにのせ、レンジで12分。
好みで豆板醤（分量外）を足しても。

ご飯とともに
食べる

つるっとした口当たりのヘルシーな中華鍋

春雨中華鍋

材料（1人分）

チャーシュー（市販）……2枚（30g）
春雨（乾燥）……20g
白菜……1枚（80g）
エリンギ……1本（30g）

A
水……300ml
鶏ガラスープの素（顆粒）・オイスターソース……各小さじ1
すりおろしニンニク……少々

作り方

1. Aをコンテナに入れて混ぜ合わせる。
2. 春雨は食べやすい長さに切って①に入れる。
3. 白菜は縦半分にして2cm幅に切り、エリンギは長さを半分にして3mm幅の薄切りにし、チャーシューは1cm幅に切って②に入れる。
4. ふたをしっかり閉めて冷凍する。

食べるとき

ふたを斜めにのせ、レンジで12分。

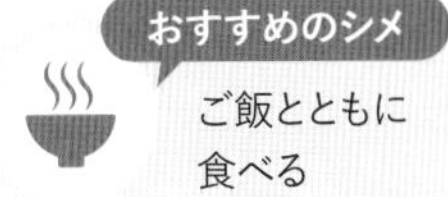

ご飯とともに
食べる

サンラータン鍋
アジア・エスニック鍋
9
冷凍期間
30日
加熱時間 600Wで
12分
アジア・エスニック鍋
10
坦々鍋
冷凍期間
14日
加熱時間 600Wで
12分

酢とミニトマトの酸味がくせになる

サンラータン鍋

材料（1人分）

豚こま切れ肉……70g
小松菜……1株（30g）
ミニトマト……4個
もやし……80g
片栗粉……小さじ1/2
A ┌水……300ml
　 │酒・酢・鶏ガラスープの素（顆粒）・
　 └しょうゆ……各小さじ1

作り方

1. Aをコンテナに入れて混ぜ合わせる。
2. 小松菜は5cm長さに切り、ミニトマトは半分に切り、もやしとともに①に入れる。
3. 豚肉は片栗粉をまぶして②に1枚ずつ入れる。
4. ふたをしっかり閉めて冷凍する。

食べるとき

ふたを斜めにのせ、レンジで12分。

おすすめのシメ

中華麺（P.15）

豚ひき肉のうまみでスープにコクが増す

坦々鍋

材料（1人分）

豚ひき肉……70g
チンゲン菜……80g
長ねぎ……10cm（20g）
A ┌水……300ml
　 │白すりごま……小さじ2
　 │オイスターソース・鶏ガラスープの
　 │素（顆粒）・コチュジャン・ごま油
　 └……各小さじ1

作り方

1. Aをコンテナに入れて混ぜ合わせる。
2. チンゲン菜は5cm長さに切り、長ねぎは小口切りにして①に入れる。
3. 豚ひき肉をほぐしながら②に入れる。
4. ふたをしっかり閉めて冷凍する。

ふたを斜めにのせ、レンジで12分。

おすすめのシメ

中華麺（P.15）

COLUMN 2 鍋がグンとおいしくなる！

おすすめの薬味＆ちょい足し調味料・食材

事前に仕込んでおける冷凍コンテナ鍋ですが、
食べる直前に薬味を加えることで、さらに味わい深くなります。
また、途中で味を変えたいときは、ちょい足しできる調味料が便利です。
そこで、おすすめの薬味と調味料を紹介します。

＼食べるときに加える！／

おすすめの薬味

定番の薬味である細ねぎや香ばしさを足してくれるすりごまは、どんな鍋にも合います。体を温めるすりおろし生姜のほか、辛味を足すコチュジャンは和やアジアの鍋などに。意外かもしれませんが、梅肉を加えることで酸味が加わり、さっぱりと食べられます。

＼味変したいときに！／

おすすめのちょい足し調味料・食材

食べている途中に味変したいなら、調味料や食材をちょい足ししてみませんか。ピリッとした辛味が加わるゆずこしょうのほか、粉チーズはカレー鍋やキムチ鍋などに加えるとマイルドになります。和の鍋にカレー粉やキムチ、塩昆布を加えると味の印象がガラリと変わります。

ヘルシー鍋

野菜やきのこ、海鮮などをふんだんに使った
体が喜ぶヘルシー鍋はいかがですか？
たっぷり食べられて満足感も高いので、
ダイエットにもぴったりです。
やさしい味わいなので食欲がないときにも！

ヘルシー鍋
1
冷凍期間
30日
加熱時間 600Wで
12分

野菜のやさしい味わいと食感を楽しんで

ピーラー野菜鍋

材料(1人分)

ベーコン(スライス)…………2枚(30g)
大根……………………………2cm(80g)
にんじん……………………1/2本(60g)
細ねぎ…………………………2本(20g)
A 水……………………………300ml
A 酒･昆布だしの素(顆粒)……各小さじ2

作り方

1. Aをコンテナに入れて混ぜ合わせる。
2. 大根とにんじんはピーラーで薄切りにし、細ねぎは5cm長さに切って①に入れる。
3. ベーコンは2cm幅に切って②に入れる。
4. ふたをしっかり閉めて冷凍する。

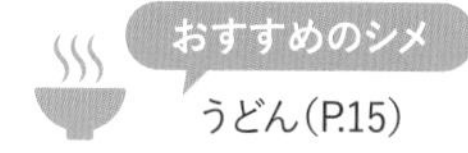

食べるとき

ふたを斜めにのせ、レンジで12分。

おすすめのシメ

うどん(P.15)

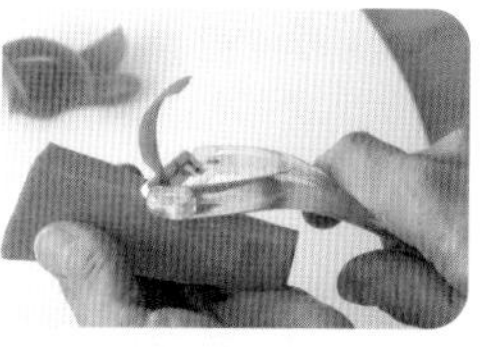

ピーラーでスライスすることで
火が通りやすく、食べやすくなる。

野菜をすべて入れてから、
ベーコンをのせる。

ふたをして冷凍庫へ!

ヘルシー鍋
2
冷凍期間
30日
加熱時間 600Wで
12分

サラダ感覚で野菜がたっぷりとれる！

鮭のサラダ鍋

材料（1人分）

鮭（切り身）	1切れ
キャベツ	1枚（50g）
サラダ菜	3枚（20g）
水菜	10g
塩	少々
片栗粉	小さじ1/2
A 水	300ml
A めんつゆ（3倍濃縮）	大さじ1
A すりおろし生姜	小さじ1

作り方

1. Aをコンテナに入れて混ぜ合わせる。
2. キャベツは3cm大に切り、サラダ菜は2cm幅に切り、水菜は5cm長さに切って①に入れる。
3. 鮭は塩をふって5分置き、水で洗い流してからキッチンペーパーなどで水けを拭く。3等分に切り、片栗粉をまぶして②に入れる。
4. ふたをしっかり閉めて冷凍する。

食べるとき

ふたを斜めにのせ、レンジで12分。

おすすめのシメ

うどん（P.15）

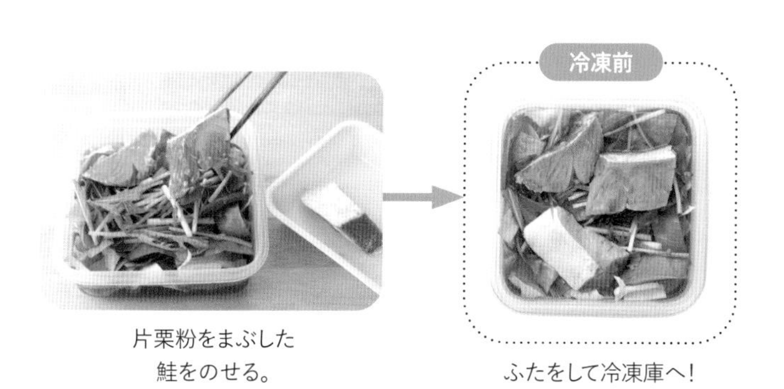

片栗粉をまぶした
鮭をのせる。

ふたをして冷凍庫へ！

ピリリとした山椒がアクセントに！

山椒鶏だんごのもやし鍋

材料（1人分）

鶏ひき肉……100g
ほうれん草……1株(30g)
もやし……80g

A
- 片栗粉……小さじ1
- 粉山椒……小さじ1/2

B
- 水……300ml
- 鶏ガラスープの素(顆粒)…小さじ2
- 酒……小さじ1
- ごま油……小さじ1/2

作り方

1. Bをコンテナに入れて混ぜ合わせる。
2. ほうれん草は5cmの長さに切り、もやしとともに①に入れる。
3. ボウルに鶏ひき肉とAを入れて練り混ぜ、小さな丸いだんご状にして②に入れる。
4. ふたをしっかり閉めて冷凍する。

食べるとき

ふたを斜めにのせ、レンジで12分。

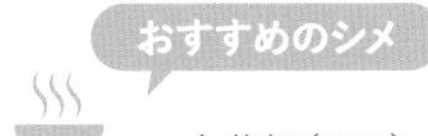

おすすめのシメ

中華麺(P.15)

梅の風味が疲れた体を癒してくれる

豚肉と豆苗の梅鍋

材料(1人分)

豚こま切れ肉 …… 70g
豆苗 …… 50g
しいたけ …… 1個(20g)
片栗粉 …… 小さじ1/2
A
水 …… 300ml
酒・しょうゆ …… 各小さじ2
梅肉・和風だしの素(顆粒) …… 各小さじ1

作り方

1. Aをコンテナに入れて混ぜ合わせる。
2. 豆苗は5cm長さに切り、しいたけは薄切りにして①に入れる。
3. 豚肉は片栗粉をまぶして②に1枚ずつ入れる。
4. ふたをしっかり閉めて冷凍する。

食べるとき

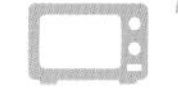

ふたを斜めにのせ、レンジで12分。
好みで梅肉(分量外)をのせる。

おすすめのシメ

ご飯とともに
食べる

ポリポリとした歯ごたえで満足感アップ

切り干し大根の鶏鍋

材料(1人分)

鶏ささみ……2本(120g)
切り干し大根……10g
ニラ……2本(20g)
片栗粉……小さじ1/2

A
水……300ml
しょうゆ・みりん……各小さじ2
鶏ガラスープの素(顆粒)…小さじ1
すりおろしニンニク……少々

作り方

1. Aをコンテナに入れて混ぜ合わせる。
2. 切り干し大根は食べやすい長さに切り、ニラは5cm長さに切って①に入れる。
3. 鶏肉は3等分のそぎ切りにして片栗粉をまぶし、②に入れる。
4. ふたをしっかり閉めて冷凍する。

食べるとき

ふたを斜めにのせ、レンジで12分。

おすすめのシメ

雑炊(P.14)

低カロリーの魚肉ソーセージを使って

白菜のごまみそ鍋

材料(1人分)

魚肉ソーセージ……1本(70g)
白菜……100g
ピーマン……1個(40g)
A ┌ 水……300ml
　│ みそ・鶏ガラスープの素(顆粒)・
　│ 　白すりごま……各小さじ1
　└ みりん……小さじ1/2
白すりごま……適量

作り方

1. Aをコンテナに入れて混ぜ合わせる。
2. 白菜は縦半分にして2cm幅に切り、ピーマンは細切りにして①に入れる。
3. 魚肉ソーセージは5mm幅の斜め切りにして②に入れる。
4. ふたをしっかり閉めて冷凍する。

食べるとき

ふたを斜めにのせ、レンジで12分。
白ごまをふる。

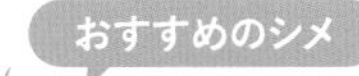

おすすめのシメ

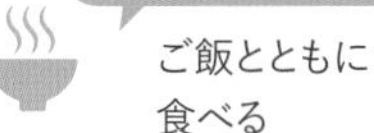

ご飯とともに
食べる

食物繊維が豊富なきのこがたっぷり！

ちくわときのこのみそ鍋

材料（1人分）

ちくわ……2本(50g)
しめじ……50g
えのきたけ……50g
まいたけ……50g
A ┌ 水……300ml
 │ みそ・しょうゆ……各小さじ1
 └ すりおろし生姜……少々
細ねぎ……適量

作り方

1. Aをコンテナに入れて混ぜ合わせる。
2. えのきたけは5cm長さに切り、しめじとまいたけは小房に分けて①に入れる。
3. ちくわは1cm幅の斜め切りにして②に入れる。
4. ふたをしっかり閉めて冷凍する。

食べるとき

ふたを斜めにのせ、レンジで12分。
小口切りにした細ねぎをちらす。

おすすめのシメ

ご飯とともに
食べる

腸内環境を整えてくれる海藻を鍋に

わかめのきつね鍋

材料(1人分)

わかめ(乾燥)……大さじ2
水菜……30g
油揚げ……1/2枚(20g)
A
- 水……300ml
- めんつゆ(3倍濃縮)……大さじ1
- みりん……小さじ2
- 和風だしの素(顆粒)……小さじ1

七味唐辛子……少々

作り方

1. Aをコンテナに入れて混ぜ合わせる。
2. 水菜は5cm長さに切り、わかめとともに①に入れる。
3. 油揚げは縦半分にして2cm幅に切り、②に入れる。
4. ふたをしっかり閉めて冷凍する。

食べるとき

ふたを斜めにのせ、レンジで12分。
七味唐辛子をふる。

うどん(P.15)

栄養豊富な豆を手軽にとれる

豆とかぶのミルクみそ鍋

材料(1人分)

ミックスビーンズ(水煮)……1袋(50g)
キャベツ……2枚(100g)
かぶ(葉付き)……1個(100g)

A
- 水……200ml
- 低脂肪牛乳……50ml
- みそ・めんつゆ(3倍濃縮)……各小さじ1

作り方

1. Aをコンテナに入れて混ぜ合わせる。
2. キャベツは3cm大に切り、かぶは5mm幅の薄切り、かぶの葉と茎は5cm長さに切って①に入れる。
3. ミックスビーンズを②に入れる。
4. ふたをしっかり閉めて冷凍する。

食べるとき

ふたを斜めにのせ、レンジで12分。

おすすめのシメ

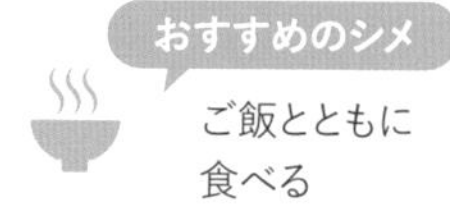

ご飯とともに食べる

酸味のある爽やかなスープが美味

鶏のさっぱりレモン鍋

材料(1人分)

鶏ささみ……2本(120g)
レモン(輪切り)……2枚
水菜……30g
えのきたけ……30g
片栗粉……小さじ1
A
水……300ml
しょうゆ・鶏ガラスープの素(顆粒)・レモン汁……各小さじ1
塩……少々

作り方

1. Aをコンテナに入れて混ぜ合わせる。
2. 水菜とえのきたけは5cm長さに切って①に入れ、レモンも加える。
3. 鶏肉は3等分のそぎ切りにして片栗粉をまぶし、②に入れる。
4. ふたをしっかり閉めて冷凍する。

食べるとき

ふたを斜めにのせ、レンジで12分。

おすすめのシメ

中華麺(P.15)

COLUMN 3 教えて!

冷凍コンテナひとり鍋Q&A

冷凍コンテナレシピを作るときのよくある疑問に、お答えします。

Q1

具材にしっかり火が通ったのか、心配です。

Q2

2人分作りたいときは、容量の大きなコンテナに倍の量を入れていいですか?

Q3

材料を代用するときの注意点はありますか?

A1 電子レンジで加熱調理する冷凍コンテナレシピは、使用する電子レンジによって、火の通り具合に違いがあります。まずは記載している加熱時間通りに加熱して、一番上にのせてある肉や魚の色を確認してください。肉が赤い場合や魚の色が変わっていなければ一度、混ぜ合わせてみてください。それでも色が変わっていなければ、追加で30秒ずつ加熱してください。一口大の鶏肉は、竹串などを刺してみて、肉汁が透明かどうかを確認しましょう。また、火の通りにくい手羽中を使った鍋は、加熱時間が14分(600Wの場合)ですので注意してください。

A2 コンテナには、1100mlなど大容量のものもありますが、冷凍コンテナひとり鍋は1人分を想定して、レシピを考案しています。2人分作りたいときは、700mlのコンテナを2つ用意して、それぞれに詰めて加熱してください。1人分ずつ作れるので、家族で違う鍋を楽しめるのも冷凍コンテナひとり鍋の魅力です。

A3 冷凍コンテナひとり鍋は、いくつかの鍋を同時に準備できるのも、特徴の一つです。本書で紹介している材料通りに作っていただくのが一番ですが、まとめて作りたいときなどは、葉物野菜、根菜、きのこ類など同じ種類で、あまりに違いすぎない食材であれば、代用いただいても問題ありません。

ご使用の電子レンジによって火の通り具合が違います

CHAPTER

6

お手軽食材でパパッと鍋

コンビニやスーパーなどで手軽に買える
加工品のサラダチキンや常備しておける缶詰、
冷凍食品などを鍋の具材にすれば
用意するのは、野菜だけでOK。
パパッと仕込めるので、
忙しいときにも大助かりです。

お手軽食材でパパッと鍋
1
冷凍期間
30日
加熱時間 600Wで
12分

人気のサラダチキンが鍋で大活躍

サラダチキンの生姜鍋

材料(1人分)

サラダチキン……1個(110g)
大根……1cm(40g)
豆苗……50g
A
- 水……300ml
- 鶏ガラスープの素(顆粒)……小さじ2
- ごま油・すりおろし生姜……各小さじ1

作り方

❶ Aをコンテナに入れて混ぜ合わせる。
❷ 大根は3mm幅のいちょう切り、豆苗は5cm長さに切って①に入れる。
❸ サラダチキンは、ほぐして②に入れる。
❹ ふたをしっかり閉めて冷凍する。

食べるとき

ふたを斜めにのせ、レンジで12分。

おすすめのシメ

中華麺(P.15)

お手軽食材を活用!

加工品のサラダチキンや缶詰などは、加熱調理されているため、火の通りを気にする必要がありません。また、缶詰や冷凍食品は常備できるので、いつでも作れて便利です。

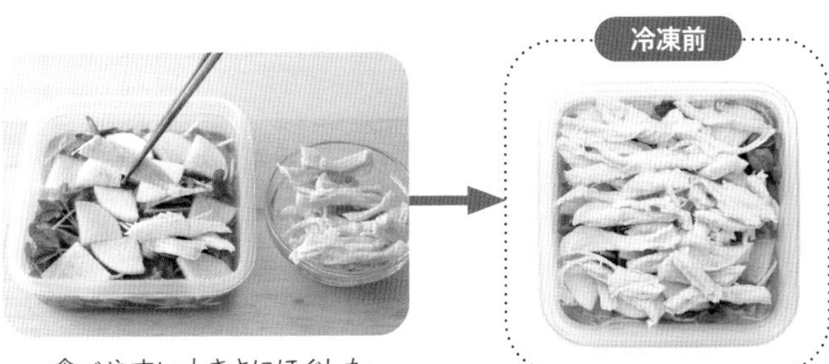

食べやすい大きさにほぐしたサラダチキンをのせる。

ふたをして冷凍庫へ!

魚介のうまみとトマトの酸味が口いっぱいに広がる

シーフードの洋風鍋

材料(1人分)

シーフードミックス(冷凍)………100g
小松菜……………………………2株(60g)
しめじ……………………………50g
ミニトマト………………………4個

A
水……………………………300ml
洋風スープの素(顆粒)…小さじ2
塩……………………………小さじ1/3

作り方

❶ Aをコンテナに入れて混ぜ合わせる。
❷ 小松菜は5cm長さに切り、しめじは小房に分け、ミニトマトは半分に切って①に入れる。
❸ シーフードミックスを②に入れる。
❹ ふたをしっかり閉めて冷凍する。

ふたを斜めにのせ、レンジで12分。

ペンネ(P.15)

缶汁までまるごと使って栄養たっぷり

サバ缶のピリ辛鍋

材料（1人分）

サバ缶（水煮）……1缶（150g）
キャベツ……1枚（50g）
にんじん……1/4本（30g）
えのきたけ……30g

A
- 水……200ml
- 和風だしの素（顆粒）……小さじ2
- しょうゆ……小さじ1
- 豆板醤……小さじ1/2
- すりおろしニンニク……少々

作り方

❶ Aをコンテナに入れて混ぜ合わせる。
❷ キャベツは3cm大に切り、にんじんは短冊切り、えのきたけは5cm長さに切って①に入れる。
❸ サバは軽くほぐして汁ごと②に入れる。
❹ ふたをしっかり閉めて冷凍する。

食べるとき

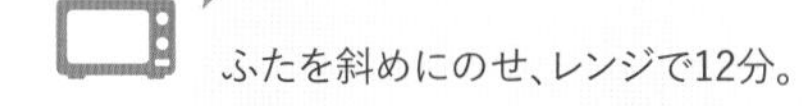

ふたを斜めにのせ、レンジで12分。

おすすめのシメ

ご飯とともに食べる

サバとトマトの組み合わせで超ヘルシー！

サバみそ煮缶のトマト鍋

材料（1人分）

サバ缶（みそ煮）		1缶（150g）
なす		1本（70g）
ほうれん草		1株（30g）
塩		適量
A	水	200ml
	カットトマト（缶詰）	大さじ3
	塩・こしょう・すりおろしニンニク	各少々
ミニトマト		3個

作り方

❶ Aをコンテナに入れて混ぜ合わせる。
❷ なすは乱切りにして塩水にさらし、水けを切る。ほうれん草は5cm長さに切り、①に入れる。
❸ サバは軽くほぐして汁ごと②に入れる。
❹ ふたをしっかり閉めて冷凍する。

食べるとき

ふたを斜めにのせ、レンジで12分。
ミニトマトを4等分に切ってのせる。

ペンネ（P.15）

焼き鳥の香ばしい風味が絶妙！

塩焼き鳥の白菜鍋

材料（1人分）

焼き鳥缶（塩）……… 1缶（75g）
白菜 ……… 100g
ニラ ……… 2本（20g）
A 水 ……… 300ml
A 酒・しょうゆ・ごま油・鶏ガラスープの素（顆粒）……… 各小さじ1

作り方

❶ Aをコンテナに入れて混ぜ合わせる。
❷ 白菜は縦半分にして2cm幅に切り、ニラは5cm長さに切って①に入れる。
❸ 焼き鳥をほぐして②に入れる。
❹ ふたをしっかり閉めて冷凍する。

ふたを斜めにのせ、レンジで12分。

雑炊（P.14）

ふっくらシュウマイで満足感アップ

和風シュウマイ鍋

材料（1人分）

シュウマイ(冷凍)……4個
水菜……30g
エリンギ……1本(30g)
A
水……300ml
めんつゆ(3倍濃縮)……大さじ1
酒・和風だしの素(顆粒)……各小さじ1

作り方

❶ Aをコンテナに入れて混ぜ合わせる。
❷ 水菜は5cm長さに切り、エリンギは長さを半分にして3mm幅の薄切りにし、①に入れる。
❸ シュウマイを②に入れる。
❹ ふたをしっかり閉めて冷凍する。

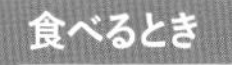

ふたを斜めにのせ、レンジで12分。

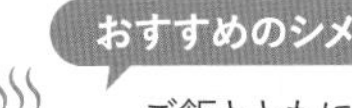

ご飯とともに食べる

CHAPTER

鍋の素で簡単鍋

調味料を計るのが面倒なときもありますよね。
そんなときは、市販の鍋の素を活用すれば
材料を切って、コンテナに詰めるだけと簡単です。
使う鍋の素によって、
入れる水の量が違うので注意してください。

鍋の素で簡単鍋
1

冷凍期間
30日
加熱時間 600Wで
12分

ピリ辛だしと餃子がベストマッチ

水餃子のキムチ鍋

材料(1人分)

水餃子(冷凍)……………… 4個
長ねぎ………………… 20cm(40g)
ニラ…………………… 1本(10g)
もやし…………………………… 50g
白菜キムチ……………………… 100g
A ┌ 水………………………… 300ml
　 └ キムチ鍋(プチッと鍋)……… 2個
白炒りごま………………………… 適量

作り方

❶ Aをコンテナに入れて混ぜ合わせる。
❷ 長ねぎは1cm幅の斜め切り、ニラは5cm長さに切り、もやしと白菜キムチとともに①に入れる。
❸ 水餃子を②に入れる。
❹ ふたをしっかり閉めて冷凍する。

食べるとき

ふたを斜めにのせ、レンジで12分。
白ごまをふる。

おすすめのシメ

中華麺(P.15)

使った鍋の素はこれ!

エバラ「プチッと鍋」シリーズは、個包装の液体タイプです。今回のコンテナ鍋では、たっぷりスープを味わえるように、2個分で作ります。

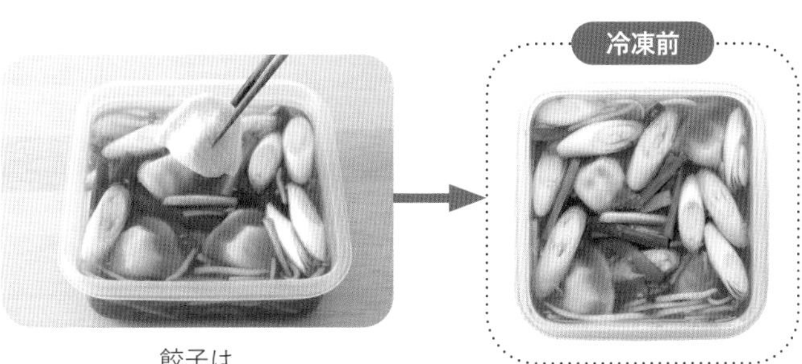

餃子は、
冷凍状態のまま入れる。

ふたをして冷凍庫へ!

鍋の素で簡単鍋
2

冷凍期間
30日
加熱時間 600Wで
14分

手羽中と鍋の素でうまみがたっぷり

鶏手羽中のうま塩鍋

材料（1人分）

鶏手羽中……100g
キャベツ……1枚（50g）
パプリカ（黄）……1/8個（20g）
細ねぎ……1本（10g）
A ┌ 水……400ml
　 └ 鶏だしうま塩（鍋キューブ）……2個

作り方

❶ Aをコンテナに入れて混ぜ合わせる。
❷ キャベツは3cm大に切り、パプリカは長さを半分にして細切り、細ねぎは3cm長さに切って①に入れる。
❸ 鶏手羽中を②に入れる。
❹ ふたをしっかり閉めて冷凍する。

食べるとき

ふたを斜めにのせ、レンジで14分。

おすすめのシメ

ご飯とともに食べる

使った鍋の素はこれ！

味の素「鍋キューブ」は、固形タイプの鍋の素。今回は、2個分を使うので、水の量は400ml用意してください。

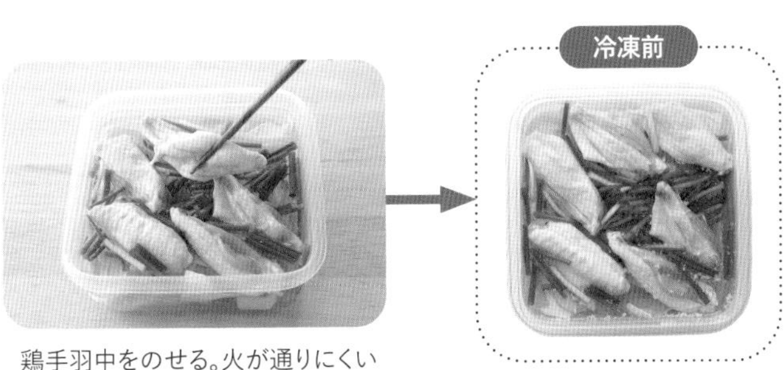

鶏手羽中をのせる。火が通りにくいので加熱時間に注意して。

ふたをして冷凍庫へ！

高タンパク低脂肪のタラであっさり

タラの寄せ鍋

材料(1人分)

タラ(切り身)	1切れ
白菜	1枚(80g)
春菊	1株(20g)
しいたけ	1個(20g)
カニ風味かまぼこ	2本(15g)
塩	少々
A 水	300ml
A 寄せ鍋(プチッと鍋)	2個

作り方

1. Aをコンテナに入れて混ぜ合わせる。
2. 白菜は縦半分にして2cm幅に、春菊は5cm長さに切り、しいたけは薄切り、カニ風味かまぼこは半分の斜め切りにし、①に入れる。
3. タラは塩をふって5分置き、水で洗い流してキッチンペーパーなどで水けを拭く。3等分に切って②に入れる。
4. ふたをしっかり閉めて冷凍する。

食べるとき

ふたを斜めにのせ、レンジで12分。

おすすめのシメ

雑炊(P.14)

味わい深いスープが後を引くおいしさ

鶏の濃厚白湯鍋

材料（1人分）

鶏もも肉……70g
水菜……30g
にんじん……1/4本(30g)
しめじ……30g
A
- 水……400ml
- 濃厚白湯（鍋キューブ）……2個

作り方

1. Aをコンテナに入れて混ぜ合わせる。
2. 水菜は5cm長さに切り、にんじんは短冊切り、しめじは小房に分けて①に入れる。
3. 鶏肉は一口大に切って②に入れる。
4. ふたをしっかり閉めて冷凍する。

ふたを斜めにのせ、レンジで12分。

うどん（P.15）

「冷凍コンテナひとり鍋」加熱時間一覧表

鶏の寄せ鍋

牛すき焼き鍋

鶏だんごの寄せ鍋

タラちり鍋

湯豆腐鍋

常夜鍋

塩ちゃんこ鍋

鮭の石狩鍋

ねぎま鍋

水菜のハリハリ鍋

レモン塩麹の鍋

香味野菜の鶏鍋

エビの牛乳鍋

根菜のけんちん鍋

すき焼きトマト鍋

キリトリ線

キリトリ線

今回紹介するひとり鍋は、基本的に600Wの電子レンジで
12分加熱するものがほとんどですが、
中には14分加熱するものもありますので、注意してください。

鶏ともやしの塩鍋

カニカマのちゃんぽん鍋

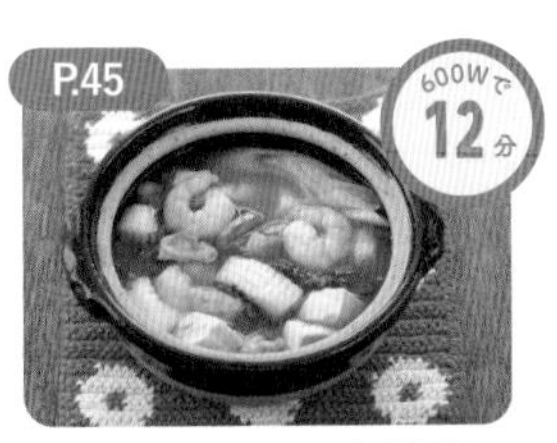

みそ仕立ての海鮮鍋

ブリのごまポン鍋

タラのゆずこしょう鍋

ブイヤベーストマト鍋

野菜たっぷり
ミネストローネ鍋

ビーフシチュー鍋

ポトフ鍋

豚肉の塩バター鍋

明太チーズ鍋

濃厚チーズ鍋

クリームコーン鍋

アサリのみそチャウダー鍋

バターチキンカレー鍋

「冷凍コンテナひとり鍋」加熱時間一覧表

トムヤムクン鍋

タイスキ

豚キムチ鍋

スンドゥブチゲ

タッカンマリ鍋

サムゲタン風鍋

麻婆鍋

春雨中華鍋

サンラータン鍋

坦々鍋

ピーラー野菜鍋

鮭のサラダ鍋

山椒鶏だんごのもやし鍋

豚肉と豆苗の梅鍋

切り干し大根の鶏鍋

キリトリ線

キリトリ線

白菜のごまみそ鍋

ちくわときのこのみそ鍋

わかめのきつね鍋

豆とかぶのミルクみそ鍋

鶏のさっぱりレモン鍋

サラダチキンの生姜鍋

シーフードの洋風鍋

サバ缶のピリ辛鍋

サバみそ煮缶のトマト鍋

塩焼き鳥の白菜鍋

和風シュウマイ鍋

水餃子のキムチ鍋

鶏手羽中のうま塩鍋

タラの寄せ鍋

鶏の濃厚白湯鍋

ろこ

Roco

時短料理研究家、野菜ソムリエ、フードコーディネーター。
2021年春まで大手家事代行サービスにて予約の取れない家政婦として活躍。
現在も個人で訪問調理の仕事を続けながら、時短料理研究家として活躍中。毎日の料理に使える時短術を盛り込んだ料理テクニックに定評がある。
著書に『詰めて、冷凍して、チンするだけ！3STEP冷凍コンテナごはん』シリーズ（徳間書店）、『調理時間0分 朝チンするだけ 時短料理研究家ろこさんの 冷凍コンテナ弁当』（マガジンハウス）、『冷凍コンテナ幼児食』（家の光協会）などがある。「コンテナの女王」として、多くの主婦から支持され、今もっとも注目される料理研究家のひとりに。自身のSNSにて情報も発信中。

インスタグラムアカウント @roco1230
Xアカウント @rorococo1230
Amebaブログ https://ameblo.jp/roco1230/

本書をお読みになった感想を、
QRコード、URLからお寄せください
https://pro.form-mailer.jp/fms/91270fd3254235

編集協力 吉塚さおり
ブックデザイン 井上友里
撮影 中川真理子
スタイリング シダテルミ
調理アシスタント 平井美佐緒
撮影協力 UTUWA
株式会社パームス

**時短料理研究家・ろこさんの
冷凍コンテナひとり鍋**

2023年11月20日　初版第1刷発行

著者　ろこ

発行者　松原淑子
発行所　清流出版株式会社
〒101-0051
東京都千代田区神田神保町3-7-1
電話　03-3288-5405
ホームページ　https://www.seiryupub.co.jp/

編集担当　秋篠貴子
印刷・製本　シナノパブリッシングプレス

乱丁・落丁本はお取替えいたします。
ISBN978-4-86029-552-3